SEXO

una relación diseñada por Dios

TONY EVANS

EDITORIAL PORTAVOZ

La misión de *Editorial Portavoz* consiste en proporcionar productos de calidad —con integridad y excelencia—, desde una perspectiva bíblica y confiable, que animen a las personas a conocer y servir a Jesucristo.

Título del original: *Sacred Sex* © 2012 por Anthony T. Evans y publicado por Moody Publishers, 820 N. LaSalle Boulevard, Chicago, IL 60610. Traducido con permiso.

Edición en castellano: *Sexo... una relación diseñada por Dios* © 2014 por Editorial Portavoz, filial de Kregel Publications, Grand Rapids, Michigan 49501. Todos los derechos reservados.

Traducción: Rosa Pugliese

Las cursivas añadidas en las citas bíblicas son énfasis del autor.

EDITORIAL PORTAVOZ
2450 Oak Industrial Drive NE
Grand Rapids, Michigan 49505 USA
Visítenos en: www.portavoz.com

ISBN 978-0-8254-1947-8 (rústica)
ISBN 978-0-8254-0572-3 (Kindle)
ISBN 978-0-8254-8528-3 (epub)

1 2 3 4 5 / 18 17 16 15 14

Impreso en los Estados Unidos de América
Printed in the United States of America

Contenido

1

El sexo, según el diseño de Dios

El aire de diciembre nos recibió con un frío abrazo al salir de la casa y cruzar la parte de atrás de la propiedad hasta descender la colina. Puesto que me había criado en una urbe como Baltimore, donde prevalecía más el cemento que los árboles, sin duda alguna, me encontraba en un medio ambiente desconocido.

Lois y yo habíamos ido a celebrar la Navidad con unos amigos cercanos, que vivían en una zona rural. Pero aquella Navidad, tuvimos mucho más que la comida típica y las conversaciones tradicionales de las fiestas. En ese viaje, recibí una lección de tiro al plato.

Ahora bien, todo aquel que me conoce sabe que el tiro al plato y Tony Evans no son exactamente mejores amigos. De hecho, antes de aquella ocasión, no puedo recordar ni siquiera haber tenido un arma de fuego en mis manos. Me gustan los deportes. Como capellán de los Mavericks de la NBA y de los Cowboys de la NFL, veo regularmente deportes competitivos que implican un contacto directo o, como mínimo, contacto cuerpo a cuerpo. Como ex jugador de fútbol americano, me gustan las actividades recreativas que conlleven sudor, agallas y fuerza bruta.

La idea de sostener una escopeta, apretar el gatillo, y ver cómo un plato de arcilla, posiblemente, se rompía en pedazos no me divertía mucho. Pero como un invitado bien educado y agradecido que soy, acepté participar de la supuesta aventura. En todo caso, ¿a quién no le gustan los retos? Seguramente, iba a poder derribar a esos "pájaros" de arcilla como el mejor de ellos.

Estaba equivocado.

El primer plato salió volando. Apunté. Disparé. Y nada.

Después salió volando el segundo. Apunté otra vez. Y todavía nada.

Otra vez. Y nada.

Una vez más. Y nada.

Ahora bien, a pesar de los años, mi visión sigue siendo perfecta y mis manos todavía están firmes. Vi el objeto en el aire, apunté y apreté el gatillo; sin embargo, los "pájaros" de arcilla seguían volando.

Después de errar varios tiros más, al ver seguramente la perplejidad de mi rostro, mi amigo se acercó a mí y me dijo: "Tony". Con su mano sobre mi hombro, procedió a explicarme el arte y la ciencia del tiro al plato. "Tony", volvió a decir mi nombre. Creo que quería asegurarse de que lo escuchara atentamente. "El plato de arcilla es como un pájaro. Al lanzarse, vuela por el cielo como un pájaro. Se mueve. De modo que si quieres pegarle un tiro en el aire, no puedes apuntar a él. Si apuntas a él, cuando los perdigones lleguen al blanco, el pájaro ya se habrá ido. Para poder acertarle al plato, tu punto de mira debe estar más allá del plato. Tienes que ir delante de él. Siempre debes apuntar por delante de él".

Escuché el consejo de mi amigo y decidí ponerlo en práctica. Era lógico. Así que me volví a colocar en posición y pedí el plato: "Ya". Y el pájaro de arcilla voló por el aire.

Esta vez apreté el gatillo mientras apuntaba por delante de él.

¡PUM!

¡Le di al plato! ¡Lo destruí! ¡Lo hice trizas! Y cayó al suelo hecho añicos.

Lo que vemos afecta lo que hacemos. Cuide usted sus ojos y cuidará sus acciones.

Puede que en este momento se esté preguntando si este es un libro sobre tiro al plato o sobre el sexo que Dios diseñó. O bien qué tiene que ver el tiro al plato con el sexo. Pero si usted adquirió este libro en busca de una perspectiva clara de Dios sobre la pureza sexual, hizo lo correcto. Porque exactamente de eso trata este libro.

Pero antes de empezar a ver el carácter sagrado del sexo, quiero que comprenda el poder y la fuerza que, de por sí, tiene el sexo. Ninguna otra actividad nos consume más como seres humanos que la sexualidad, para bien o para mal. Y, lamentablemente, casi siempre es para mal. El sexo es una fuerza poderosa; una fuerza que, como veremos, a menudo es impulsada por reacciones químicas y psicológicas, que tienen el potencial de colocar el sexo en una posición de dictarnos qué hacer, en vez de que nosotros mismos le dictemos lo que vamos a hacer.

El dominio sexual de usted, o su falta de este, tiene que ver totalmente con qué tiene en el punto de mira. Usted debe ir por delante. Si cree que es algo que puede decidir en el calor del momento, ese pájaro volará. Si usted piensa que puede decidir cuál es la supuesta "línea invisible" para no cruzarla cuando llegue a ella, ese pájaro volará. Si usted decide mirar de vez en cuando algún programa de televisión o película, incluso escuchar música de contenido explícitamente sexual, o incluso pornográfico, ese pájaro volará. Un estudio reciente mostró que las adolescentes que miraban un alto nivel de programas con contenido sexual eran dos veces más propensas a quedar embarazadas en los tres años siguientes, que aquellas que no lo hacían.[1] Lo que vemos afecta lo que hacemos. Cuide usted sus ojos y cuidará sus acciones.

La única manera de dominar exitosamente el poder y la fuerza de este dinamismo llamado sexo, es ir por delante de él. Debemos establecer nuestros límites antes de tener que usarlos. Debemos decidir ganarle en astucia y puntería. Debemos saber cómo funciona, tomar las riendas de él. Y, mucho más importante, siempre tomar la delantera.

La palabra *yadá* y usted

Hace algunos años descubrí uno de los principios más reveladores de la Biblia sobre la sexualidad cuando me estaba preparando para predicar sobre un tema totalmente diferente. Mientras estudiaba y me disponía a meterme de lleno en una serie de doce sermones sobre el tema de conocer a Dios, comprendí una poderosa realidad sobre el sexo.

De hecho, fue una verdad tan poderosa que se convirtió en la perspectiva de la serie para ilustrar la profundidad de la relación que Dios desea tener con cada uno de nosotros. Porque como todos sabemos, la intimidad sexual implica mucho más que el simple hecho de que dos cuerpos experimenten contacto físico e intercambio de fluidos. Si eso fuera lo único necesario para la intimidad, entonces las prostitutas serían las personas más íntimas del mundo.

Pero en el idioma hebreo, encontramos algo increíblemente poderoso sobre la sexualidad. Cuando descubrimos la intención del idioma original, aprendemos que el sexo ha sido diseñado para llegar hasta lo más profundo de otro ser humano, de tal manera que ambos *se conozcan* y *se den a conocer*; es mucho más que simple contacto físico, y solo es factible en una atmósfera de total y merecida confianza.

Cada vez que estudiamos las Escrituras y queremos averiguar el significado de un término, de una frase o de una doctrina, o bien la interpretación de un principio, siempre es mejor hacerlo según *la ley de la primera mención* que se usa en la hermenéutica. Esto es importante por varias razones, pero principalmente por la importancia que tiene el concepto del origen en las Escrituras.

Por ejemplo, la Biblia misma comienza con la frase del origen: "En el principio". Luego, en el libro de Génesis sigue presentando y abordando los orígenes no solo de la creación de los cielos y la tierra, sino de cada uno de los temas fundacionales de la toda la Biblia: el pecado, la adoración, los pactos, la redención e incluso el tipo, o predicción, del Salvador que vendría.

La ley de la primera mención establece que el significado o la definición original de lo que se está estudiando sea constante a lo largo de todo el estudio, a menos que el texto en sí requiera que se cambie más adelante.

Insisto, ¿qué tiene que ver la hermenéutica, el tiro al plato y Génesis con el sexo? Todo. Porque a fin de ir por delante de nuestra propia sexualidad, donde le podemos dictar qué hacer en vez de que ella nos dicte a nosotros qué hacer, necesitamos entender la perspectiva y el propósito de Dios al crearla.

De modo que de acuerdo con *la ley de la primera mención*, vemos que la primera vez que las Escrituras mencionan la intimidad sexual se encuentra en Génesis 4:1 (NTV), donde leemos: "Ahora bien, Adán tuvo relaciones sexuales con su esposa, Eva, y ella quedó embarazada".

El término hebreo usado en el primer relato de la intimidad sexual para decir "tuvieron relaciones sexuales" es la palabra *yadá*.[2] Es la misma palabra que se usa algunos versículos antes cuando se describe el momento en que a Adán y Eva se le abrieron los ojos y "tomaron conciencia" de su desnudez. Es la misma palabra usada cuando leemos: "Y dijo Jehová Dios: He aquí el hombre es como uno de nosotros, sabiendo el bien y el mal" (Gn. 3:22).

La palabra *yadá* no es una palabra que hace referencia a las partes del cuerpo o a la actividad física. Cada definición de la palabra *yadá*, que aparece más de mil veces en el Antiguo Testamento, significa:

- conocer, tomar conciencia
- mostrarse, revelarse
- darse a conocer
- provocar el conocimiento
- descubrirse
- conocer por experiencia

Cada vez que se usa la palabra *yadá* para referirse a la interacción relacional, indica llegar hasta lo más profundo de la realidad de otra persona; o incluso llegar hasta lo más profundo de la realidad del mismo Dios. De hecho, tiene la capacidad de ser un término tan íntimo en lo que respecta a la interacción relacional, que Dios lo usa para referirse a su propia relación con nosotros en referencia a la más íntima de las relaciones:

> Los secretos del Señor son para los que le temen, y Él les *dará a conocer* [*yadá*] su pacto (Sal. 25:14 LBLA).

> "Ustedes son mis testigos —afirma el Señor—, son mis siervos escogidos, para que me *conozcan* [*yadá*] y crean en mí" (Is. 43:10 NVI).

> Te daré los tesoros de las tinieblas, y las riquezas guardadas en lugares secretos, para que *sepas* [*yadá*] que yo soy el Señor, el Dios de Israel, que te llama por tu nombre (Is. 45:3 NVI).

En cada una de estas descripciones, Dios habla de su relación de una manera íntima y cercana. Leemos sobre los "tesoros de las tinieblas", que somos "escogidos" y la relación auto-obligatoria de Dios que Él establece como "su pacto". Además de todo esto, vemos dos veces la palabra específica "secreto"; una vez en referencia a los secretos de Dios, "los secretos del Señor", y también en referencia a lo que Dios dará, "las riquezas guardadas en lugares secretos".

Un detalle siempre cierto sobre los secretos es que necesitamos tener una relación muy íntima con una persona para revelarle un secreto. Desde luego que es necesario tener una relación muy íntima en el sentido de la confianza, pero en ocasiones eso también incluye la cercanía.

Cuando usted era un niño y quería contarle un secreto a alguien, por lo general, ¿qué hacía? Si era igual que yo, se acercaba cuanto más podía a la otra persona, hasta el punto de inclinarse hacia ella; luego se tapaba la boca con la mano ahuecada y le susurraba a su oído.

Esta es la manera típica de contar un secreto.

Y eso es lo que Dios dice que hará con aquellos que lo conocen (*yadá*). Él estará tan cerca que usted podrá escuchar lo que le susurra al oído, los secretos que están reservados para aquellos que tienen una relación de intimidad especial con Él.

Sin embargo, es esencial comprender que cuando Dios decidió poner en práctica la palabra *yadá* con nosotros, decidió hacerlo con aquellos que se estaban perdiendo (Lc. 19:10; Jn. 3:16) y con aquellos que estaban condenados (Jn. 3:18). Dios puso en práctica a la perfección el significado de la palabra *yadá* con aquellos que solo conocían la imperfección (Ro. 3:23). Él reveló su pureza a aquellos que eran extremadamente perversos (Jer. 17:9). Él pudo hacer todo eso y a la vez mantener su pureza, porque Jesús fue a la cruz como sacrificio por los pecados de todos nosotros. Jesús no solo murió, sino que murió a sí mismo como leemos: "se humilló a sí mismo, haciéndose obediente hasta la muerte, y muerte de cruz" (Fil. 2:8).

Del mismo modo, el propio fundamento de la verdadera práctica de la palabra *yadá* en la seguridad de la unión matrimonial, surge de morir a nosotros mismos de tal manera que entregamos nuestra voluntad, nuestro orgullo y nuestras necesidades en el altar y consideramos la necesidad del otro más importante que la de nosotros mismos. En este sacrificio, donde ambos cónyuges mueren a sí mismos, lo que es nuevo puede crecer y florecer en el terreno del amor bíblico.

Es por esto que, en el sexo que Dios diseñó, los dos cónyuges comparten mucho más que algunos momentos de pasión. Comparten sus secretos, sus temores, sus esperanzas, sus fracasos e incluso "los tesoros de las tinieblas, y las riquezas guardadas en lugares secretos". Se revelan a sí mismos de un modo que no hacen con ninguna otra persona. Y dentro de esa revelación, si se trata de la verdadera práctica de la palabra *yadá*, encontrarán la forma de amor más auténtica de la tierra.

De hecho, la naturaleza secreta de lo que los cónyuges comparten se convierte en su propio tesoro.

Porque ¿cómo hacemos para que un secreto deje de ser un secreto? Se lo contamos a otros.

Lo mismo sucede con el carácter sagrado del sexo. El sexo deja de ser una experiencia sagrada —deja de ser *yadá*— cuando ya no es exclusivo de aquellos que lo comparten. Cuando las relaciones sexuales pasan a ser algo común: algo que se extiende a otros y no solo a los que están unidos por una relación *yadá*, deja de ser lo que Dios diseñó originalmente y se corrompe al transformarse en lo que Satanás maquinó: conocido en las Escrituras como *porneúo*[3] o *shakáb*[4].

Ambos términos hacen referencia a la misma actividad física que indica la palabra *yadá*, sin embargo, ambos eliminan el carácter sagrado y lo reemplazan por algo común; de este modo, queda eliminado uno de los propósitos y designios principales de la sexualidad, la revelación exclusiva de conocerse y darse a conocer.

Y cuando esto sucede, como vemos repetidas veces en las Escrituras, provoca angustia, celos, remordimiento y graves consecuencias emocionales, físicas e incluso espirituales. Por ejemplo, no leemos la palabra *yadá* en los siguientes casos, sino *shakáb*:

- David y Betsabé
- Amnón violó a Tamar
- La actividad sexual de las hijas de Lot con él
- Siquem deshonra a Dina
- Rubén y la concubina de su padre
- Incluso Jacob y la esposa que no eligió, Lea.

Una persona puede tener relaciones sexuales con otra persona y no experimentar el sentido de la palabra *yadá*; no comparten la realidad íntima y sagrada de lo más profundo de quienes son. Tan solo se trata de sexo, que nada tiene que ver con el carácter sagrado del sexo. Sin embargo, eso no es lo que Dios diseñó originalmente cuando creó el acto sagrado de la relación sexual. Dios no nos presentó de esa manera el concepto de la sexualidad desde su origen en el huerto.

> El sexo, en su carácter sagrado, incluye más que solo el cuerpo; incluye también las partes más profundas del alma y del espíritu.

El principio más importante que debemos recordar y sostener para guardarnos en pureza sexual y conservar el carácter sagrado del sexo es el designio original de Dios para el sexo; una revelación compartida, al descubierto, que implique conocerse y darse a conocer.

Tengamos presente que la propia naturaleza de un velo se basa en mantener algo oculto o en secreto. Si no fuera así, sería un pañuelo o un chal para la cabeza, no un velo. De igual modo, la práctica del *yadá* puede corromperse rápidamente y transformarse en *shakáb* o *porneúo*, con el resultado inevitable de sexo en ausencia de una confianza recíproca sagrada.

LA UNIÓN DE PACTO

El sexo, en su carácter sagrado, incluye más que solo el cuerpo; incluye también las partes más profundas del alma y del espíritu. Incluye un pacto. Esto se debe a que el propósito más profundo del sexo es establecer o dar inicio a un pacto. Para comprender totalmente el carácter sagrado del sexo, necesitamos verlo con la perspectiva de nuestro Creador y no con la perspectiva de nuestra cultura. Sería fácil pensar con el énfasis sexual de nuestra música, películas y revistas de hoy, que el sexo se originó en Hollywood y no en el cielo.

Pero Dios no diseñó el sexo para que sea tan solo un mecanismo de gratificación biológica. Tampoco lo diseñó para abordar el problema del exceso de testosterona o los niveles elevados de hormonas.

Dios diseñó el sexo tanto para establecer un pacto como para renovarlo.

Lo más cercano al sexo en la Biblia, como corolario del pacto, es el bautismo y la santa cena. El bautismo es el acto público inicial, que tenemos frente a testigos, para confirmar nuestro deseo de estar unidos a Jesucristo en un pacto. Y la santa cena es el acto continuo con el que renovamos el compromiso de ese pacto cada vez que lo realizamos.

La consumación del matrimonio en la noche de bodas está destinado a inaugurar el pacto. Y, básicamente, desde ese momento, cada vez que los cónyuges lo hagan, estarán renovando el pacto y el compromiso que establecieron la noche de bodas.

En las Escrituras, a menudo los pactos se establecían con sangre. Por ejemplo, Dios hizo un pacto con Abraham, cuya señal era la circuncisión (Gn. 17:10-12). A todos los varones que nacían en Israel se les debía circuncidar la piel del prepucio de su órgano sexual para mostrar que eran parte del pueblo del pacto de Dios. De esta manera, serían diferentes a todo el resto.

¿Por qué se eligió la circuncisión como la señal del pacto abrahámico, que establecería a Israel como el pueblo especial de Dios y por medio del cual Abraham se convertiría en padre de muchas naciones? Porque ese pacto se cumplió y se fue extendiendo a medida que Abraham y sus descendientes varones producían hijos.

Por lo tanto, sus órganos sexuales llevarían la marca del pacto como una señal especial de que ellos y los hijos que tuvieran estaban apartados para el Señor. El rito de la circuncisión requería sangre, que era parte del pacto. Lo mismo sucede en el matrimonio. Fíjese en Deuteronomio 22:13-15:

> Cuando alguno tomare mujer, y después de haberse llegado a ella la aborreciere, y le atribuyere faltas que den que hablar, y dijere: A esta mujer tomé, y me llegué a ella, y no la hallé virgen; entonces el padre de la joven y su madre tomarán y sacarán las señales de la virginidad de la doncella a los ancianos de la ciudad, en la puerta.

La evidencia era la mancha de sangre en las sábanas o cualquier lienzo que estuviera en la cama sobre la cual la pareja había consumado su matrimonio la noche de bodas. Lea los siguientes versículos y verá que si los padres podían demostrar la virginidad de su hija, ella quedaba absuelta y el esposo era multado.

Pero si no había sangre, significaba que la mujer no era virgen antes del matrimonio, y podían apedrearla hasta la muerte (Dt. 22:21), porque el pacto del matrimonio se establecía por medio de la sangre. Dios creó un escudo alrededor del órgano sexual de la mujer, llamado himen, que servía para protegerla hasta la noche de bodas cuando se rompía y permitía derramarse la sangre sobre el órgano sexual del hombre. Esto estaba destinado a consumar el pacto como una unión inquebrantable entre dos personas y Dios.

La unión química

Mientras que el pacto es la unión espiritual entre las dos personas y Dios, el acto de la intimidad sexual también produce una unión fisiológica entre dichas personas. El sexo no necesariamente tiene lugar en el dormitorio. Antes bien, avances en investigaciones científicas han revelado que el sexo tiene lugar entre los oídos: en las uniones químicas que ocurren en el sistema límbico del cerebro.

Prácticamente, esto comprende el diencéfalo (que abarca tanto las partes del cerebro del tálamo como del hipotálamo). Los actos de ver, escuchar, oler, mirar, abrazar, excitarse y alcanzar el orgasmo conllevan una mezcla sumamente compleja de sustancias químicas, cada una diseñada por nuestro Creador para regular una respuesta deseada.

Dentro de los límites de la relación matrimonial, estas sustancias químicas cumplen la función principal de mantener el compromiso, ya sea al intensificar o atenuar la respuesta territorial del hombre, al fomentar un ambiente para la procreación y la protección, y al alentar la transición de amantes a padres y luego nuevamente a amantes, cada vez que sea necesario.

Sin embargo, fuera de los límites de la relación matrimonial, las uniones químicas que se producen y luego se rompen al cambiar de pareja, dejan cicatrices, ansias, vacío e incluso síntomas de abstinencia que persisten. Aunque puede que recientemente la ciencia haya dado una explicación de por qué y cómo las relaciones sexuales crean una unión fisiológica tan fuerte —y en consecuencia dejan un dolor tan agudo cuando no se consolida en el contexto de un matrimonio seguro— la Palabra de Dios nos ha dicho la misma verdad desde el principio.

Cuando Pablo les escribió a los ciudadanos de Corinto sobre la decadencia moral y espiritual de aquella sociedad, sus palabras reflejaban acertadamente lo que sucede en la relación sexual. Pablo dijo:

> ¿O no sabéis que el que se *une* con una ramera, es un cuerpo con ella? (1 Co. 6:16).

Lo más interesante es que Pablo usa la palabra "une". El idioma original griego usa la palabra *koláo.*[5] *Koláo* significa literalmente "adherirse, cementarse". Bajo la inspiración del Espíritu Santo, la carta de Pablo a los Corintios era tan sólida científicamente como cualquiera de los artículos o estudios de las recientes publicaciones médicas y psicológicas de nuestros días.

La actividad sexual y su posterior liberación de sustancias químicas que producen alteraciones cerebrales, literalmente, *adhieren* o *cementan* a dos personas. Cuando esas dos personas se separan, sucede una realidad dolorosamente fisiológica; principalmente entre las mujeres, cuyo sistema límbico, que almacena estas cisternas y surcos químicos, es generalmente más grande que en los hombres.

Lo que muchas veces es peor, a diferencia de los casos de drogadicción, fumar cigarrillos, pornografía o incluso el alcohol, es que raras veces se valida el extremo sufrimiento fisiológico que la mujer, e incluso el hombre, experimentan como resultado de una relación sexual ilícita que fracasa. Y puesto que no se suele tratar ese dolor, tampoco se apela a un arrepentimiento ni a buscar la sanidad. Estas mismas mujeres, y hombres, terminan a menudo por regresar al mismo lugar en el que una vez estaban, para tratar de volver a llenar el vacío o suplir las ansias con otra persona.

Esto se debe a una fuerte reacción fisiológica que ocurre en el cerebro, y que es muy similar a las reacciones que provocan las drogas, el alcohol y otras conductas adictivas. Y detener la conducta sin atravesar el proceso del perdón, la sanidad, el fortalecimiento y la libertad de esa adicción, a menudo solo conduce a la persona a regresar a aquello que justamente quería detener. Sería similar a quitarle la marca de cerveza favorita a un alcohólico y luego enviarlo nuevamente a un bar con infinidad de otras marcas para elegir. ¿Sería capaz de dejar de beber su marca de cerveza favorita? Sí. Pero ¿tendría las herramientas emocionales, físicas y espirituales necesarias para rechazar la oportunidad de volver a probar otra marca otro día? Probablemente no.

Por este motivo, es importante que usted como cristiano no solo comprenda las razones *espirituales* de mantener un estilo de vida que preserve el carácter sagrado del sexo, sino que también comprenda las interacciones y reacciones *fisiológicas* que está experimentando al participar de cualquier tipo de relación sexual ilícita, aunque no llegue a tener coito.

LOS PROBLEMAS SURGEN CUANDO LA UNIÓN QUÍMICA SE PRODUCE FUERA DEL COMPROMISO ESPIRITUAL.

Porque a menos que usted comprenda lo que debe tratar fisiológicamente para superar las fortalezas o tentaciones sexuales de su vida, estará apuntando al plato de arcilla en vez de apuntar por delante de él. Y, como consecuencia, siempre errará el blanco.

Antes de avanzar, quiero que conozca algunas sustancias químicas poderosas, que forman parte de la actividad sexual, y sus efectos:

Oxitocina. La oxitocina se ha ganado la reputación de ser la "hormona de los mimosos", porque consolida la unión entre las dos personas que componen la relación. Los estudios han demostrado que la oxitocina contribuye al vínculo y al aumento de la confianza, y puede incluso liberarse una vez que se ha desarrollado el vínculo, mediante algo tan simple como mirar una foto de la otra persona, escuchar su voz o pensar intencionalmente en ella.[6] Aunque la consolidación de esta unión promueve un matrimonio fuerte y saludable, también crea un elemento unitivo —o lazo— entre dos personas que no están casadas si incurren en actividad sexual, aunque dicha actividad sexual no derive en orgasmo. Esto produce lágrimas emocionales y psicológicas cuando la fuente de la oxitocina ya no está presente o se ha recurrido a otra fuente de reemplazo. Esto muchas veces puede contribuir a la depresión, la incapacidad de funcionar sexualmente y la ansiedad.

Dopamina. La dopamina suele definirse como el "neurotransmisor de la recompensa". A menudo se la asocia con las conductas adictivas como fumar, con todas las adicciones químicas o incluso con las actividades recreativas de riesgo tales como los deportes de alto impacto o el paracaidismo. Tiene una estructura química similar a la morfina. Dentro del proceso de la actividad sexual, la dopamina proporciona sentimientos de placer, unión, euforia y calma, que producen actividad en el "sistema de recompensa" de nuestro cerebro. Puesto que todas las formas de actividad sexual tienen el potencial de incrementar los niveles de dopamina, estas pueden volverse adictivas, ya sea por medio del acto sexual físico, la pornografía, las caricias o la masturbación. Cada una de estas actividades sirve para asociar el sistema de recompensa del cerebro con la actividad o persona que produjo la recompensa.

Adrenalina. La adrenalina incrementa el sistema circulatorio mientras dilata las arterias para aumentar el flujo de sangre. El incremento de la adrenalina puede producirse a través de la actividad sexual o incluso por medio de actividades recreativas como el salto de gran altura con cuerdas elásticas. Las personas que buscan una "descarga de adrenalina", a menudo, necesitan cada vez más de esa actividad para generar la misma descarga de adrenalina la próxima vez. En combinación con la satisfacción de una relación matrimonial monógama, la adrenalina es un beneficio constante para una experiencia ya placentera, que mantiene la intimidad viva durante toda la vida. Sin embargo, cuando el deseo de adrenalina no se mantiene en un entorno estable, puede producir una falta de satisfacción en la relación existente, resentimiento por dicha insatisfacción y una adicción a buscar más adrenalina a través de otros medios, posiblemente, ilegítimos.

Dios creó una cantidad de sustancias químicas adicionales tales como la serotonina, la testosterona y los estrógenos en relación con el acto sexual, la crianza de los hijos y el mantenimiento de relaciones duraderas. Los problemas surgen cuando la unión química se produce fuera del compromiso espiritual.

Las sustancias químicas en sí no son malas; de hecho, son buenas y pueden producir gran placer dentro de la relación matrimonial en base a los principios del sexo que Dios diseñó.

Pero cuando las sustancias químicas están ligadas a los altibajos fluctuantes de las relaciones rotas, pueden producir gran dolor y profundas heridas psicológicas. Sería similar a volverse adicto a la heroína y luego cortarla de golpe. El deseo, el vínculo y las ansias seguirán presentes debido a la impresión química producida en el cerebro. Si la decisión de dejar la heroína siguiera en pie, la persona se buscaría otro productor químico adictivo a fin de saciar las ansias y anestesiar el dolor. Y se generaría un ciclo de conductas adictivas, o síntomas relacionados con la abstinencia de tales conductas adictivas (como depresión, confusión e irritabilidad).

En esencia, la heroína habrá creado una impresión duradera, o surco, en el cerebro que no desaparecerá simplemente porque ya no haya suministro de esa sustancia.

Algo similar sucede con los procesos químicos implicados en el sexo. Cuando se acumula suficiente dolor de la unión y separación de diferentes parejas, se termina con infinidad de personas que o recurren al sexo otra vez para tratar de aliviar el dolor o llenar el vacío, o bien recurren a otros mecanismos de supervivencia tales como el consumismo, el alcohol, el trabajo excesivo, las drogas y otras conductas adictivas.

Tenga presente que la oxitocina puede producirse por medio de algo tan simple como el contacto visual, las caricias sutiles y los abrazos. Nada de esto es malo cuando se hace debidamente. La oxitocina es una sustancia química positiva que Dios nos da para traer felicidad y solidificar las uniones en nuestras vidas y relaciones. Solo cuando los altos niveles de oxitocina se crean por medio de un vínculo ilegítimo con alguien que no ha entrado en una relación matrimonial de pacto con usted, llega a ser dañino con el paso del tiempo. Especialmente cuando la relación termina o desaparece con el tiempo.

Una vez que esta sustancia química está presente y produce su acción en el cerebro —particularmente en el cerebro de la mujer, dado que la mujer tiende a tener un sistema límbico más profundo que el hombre— es difícil olvidarlo, borrarlo o satisfacerlo legítimamente fuera del matrimonio.

La enseñanza de Dios sobre el carácter sagrado del sexo y la necesidad de mantener la pureza en la relación sexual de dos personas unidas en un pacto matrimonial no es algo para tomar a la ligera. Sabiendo cuán profundamente adictiva, vinculante y fuerte es la relación sexual, Dios nos hace una clara advertencia: "Huyan de la inmoralidad sexual. Todos los demás pecados que una persona comete quedan fuera de su cuerpo; pero el que comete inmoralidades sexuales peca contra su propio cuerpo" (1 Co. 6:18 NVI). Esa persona peca también contra su propio cerebro, como contra su cuerpo, teniendo en cuenta todo el daño potencial que puede hacerse física y espiritualmente.

Cuando una pareja mantiene el carácter sagrado del sexo —cuando es una relación *yadá* entre dos cónyuges unidos en un pacto matrimonial— se abre el camino hacia la verdadera intimidad y conocimiento.

Pero cuando se usa el sexo de manera indebida y displicente, crea un vínculo fuerte que cuando se rompe deja síntomas persistentes de inseguridad, dolor, abandono, falta de respeto por sí mismo y por otros, y una mayor necesidad de otro vínculo. Esto provoca sufrimiento en el presente y también disminuye la capacidad de establecer límites adecuados en relaciones futuras.

La advertencia de Pablo a los corintios de no unirse (*koláo*) con otros en una relación inmoral es una advertencia para todos nosotros también hoy. A fin de proteger el acto sexual sagrado, debemos apuntar a la norma que Dios nos ha dado en su Palabra. Debemos apuntar a *yadá*.

2

El valor de la pureza sexual

Hace algunos años llevé a Lois a jugar al tenis. Nunca lo volveré a hacer. Después de explicarle cómo se jugaba, le mostré dónde debía pararse y le dije que iba a lanzar la pelota hacia su lado de la red.

La primera vez que lancé la pelota y la golpee al otro lado de la red, supe que estaba en problemas. En vez de acercarse a la pelota para devolvérmela con un golpe, Lois se quedó parada con una mano en la cadera y la otra sosteniendo la raqueta, como si dijera: "No esperarás que vaya corriendo hasta la pelota, ¿verdad?".

Entonces, supe que iba a ser un día agotador.

De manera que volví a golpear la pelota al otro lado de la red y, otra vez, Lois se quedó parada mirando. Traté de explicarle que para jugar al tenis, ella tenía que correr a buscar la pelota y luego golpearla. Pero me respondió: "Tony, no pienso sudar por tener que correr a buscar una pelotita. Si esperas que te devuelva la pelota, me la tienes que lanzar directo hacia mí".

No hace falta decir que la próxima vez lancé la

pelota directo hacia ella. Sin embargo, en vez de devolverme la pelota, le dio un golpe tan fuerte que la pelota salió disparada por encima de la valla. Con su mano otra vez en la cadera, la expresión de su rostro me estaba diciendo: "¿No vas a ir a buscarla?".

En vez de ir a buscarla, le dije: "Lois, vamos a casa. No podemos jugar al tenis sin reglas".

Si usted quiere disfrutar un partido de tenis o, de hecho, cualquier deporte, no puede jugar según sus propias reglas. No puede correr solo cuando tiene ganas. Así no se juega. Eso sería un caos. Para jugar un partido, debe jugar dentro de los límites establecidos para el juego.

> **SE ESTÁ PROMOVIENDO EL SEXO SIN RESTRICCIÓN COMO UN ATAJO HACIA LA REALIZACIÓN Y LA SATISFACCIÓN PERSONAL.**

Con esta nota de humor que viví aquel día con Lois en la cancha de tenis, en realidad, quiero ilustrar una verdad muy seria en referencia al tema que estamos tratando: No se puede disfrutar del sexo que Dios diseñó sin permanecer dentro de los límites o reglas que Él ha establecido.

Pero el hecho es que nuestra cultura se queda allí parada como Lois, con su mano en la cadera, y nos dice: "No quiero seguir las reglas del juego. Quiero jugar a mi manera". Para conocer los valores y las actitudes sobre el sexo, el amor y la pureza moral de nuestra cultura, tan solo hace falta escuchar su música.

Yo crecí escuchando a grupos de música popular como los *Temptations*, los *Miracles*, los *Impressions* y los *Dells*. De vez en cuando, todavía escucho a estos grupos mientras estoy conduciendo mi auto o cuando estoy en casa. El mensaje básico de sus canciones era: "Te amo. Me amas. Te perdí. Me perdiste. ¿Podremos volver a estar juntos? Quizás". Nada malo. Y tenían muy buen ritmo.

Sin embargo, hoy día, la música que trata de formar la actitud moral de nuestros jóvenes se basa en títulos como: "Sex on My Money" [Sexo sobre mi dinero] y "Sexy Back" [Espalda sexy].

El sexo domina nuestra cultura popular a un grado tal, nunca antes visto. Los programas de TV en horario central y la industria del cine estarían perdidos si no pudieran explotar el sexo. Los programas de entrevistas y debates televisivos no tendrían nada de qué hablar sin el sexo.

Se está promoviendo el sexo sin restricción como un atajo hacia la realización y la satisfacción personal. Las personas han renunciado a su virtud por el sexo, han cambiado a sus familias por sexo; y ahora se están enfermando y muriendo a causa de ello.

Aunque el sexo es un regalo sublime y maravilloso de Dios, diseñado para la realización humana, Satanás ha tomado esta actividad, que Dios ha ordenado, y ha hecho con ella lo que mejor sabe hacer. La ha falsificado y ha vendido su imitación falsa como si fuera verdadera.

De modo que los hombres pierden su virginidad en un esfuerzo por tratar de validar su hombría. Las mujeres sacrifican su pureza al tratar de buscar alguien que las ame y las acepte. Hemos aceptado la mentira de Satanás de que la gratificación sexual inmediata, sin considerar el costo a largo plazo, debería ser la fuerza motivadora en nuestra vida.

Pero el precio que pagamos es realmente alto: alto en costos médicos por el SIDA y las enfermedades de transmisión sexual. Las consecuencias físicas de la inmoralidad sexual podrían durar toda la vida o incluso acortar la vida.

El precio es alto también en vergüenza que envía a las personas a consejeros profesionales. Es alto en la tasa de mortalidad de hijos no deseados que se abortan en el altar de la conveniencia. Es alto en los costos de asistencia social que el gobierno distribuye para la atención de hijos que no tienen a ambos padres que cuiden de ellos. Y es alto en el índice de divorcios. Es evidente que el mal uso del sexo bajo la dirección de Satanás está diezmando nuestra sociedad.

El sexo es una idea de Dios y, por lo tanto, es bueno. Pero como todo lo que Dios hace, cuando las personas meten sus manos y lo vuelven a definir de acuerdo a sus propios intereses, lo bueno llega a ser destructivo. Lo que se creó en el cielo se convierte en una mixtura del infierno.

Eso es lo que ha ocurrido en la faceta de la sexualidad humana. No hay lugar alguno donde se pueda escapar del sexo en la civilización occidental. Solo tiene que subirse a su auto y conducir por las carreteras; los letreros le dejarán saber que el sexo vende. Algunas personas le dirán que esta actitud abierta sin inhibiciones acerca del sexo es buena, porque el cristianismo ha reprimido y negado el sexo durante demasiado tiempo.

Me atrevo a discrepar. Dios no tiene ningún reparo en hablar de sexo. Él no evade el tema. No se pone colorado cuando habla de sexo. Su Palabra es categórica cuando hace referencia a las verdades acerca del sexo, y es lo mismo que yo quiero hacer en estas páginas.

El abandono de las normas de Dios

Decir que Dios le da un alto valor a la pureza sexual es quedarse corto. La razón por la cual las personas se entregan tan fácilmente al sexo es porque no saben cuán valiosa es la pureza sexual para Dios. Todo aquello que creemos que es barato, lo usamos y tiramos; sin embargo, guardamos todo lo que creemos que es caro.

Cuando Dios creó a Adán y Eva como seres sexuales opuestos, pero complementarios, con una atracción natural del uno por el otro, lo que Adán dijo sobre Eva en Génesis 2:23 muestra que él entendía que fueron creados el uno para el otro. Y cuando Dios unió a esa primera pareja en matrimonio, no hubo reparos ni vergüenza en esa unión. Este fue el primer matrimonio y el único perfecto, porque el pecado aún no había contaminado todas las cosas.

Cuando Dios crea algo, produce éxtasis, no vergüenza. Con Adán y Eva no hubo: "No debí haber estado allí. No debí haber pensado eso. No debí haber hecho eso". Cada vez que Dios hace algo, nos sentimos bien con eso. No hay necesidad de esconderse.

Obviamente, Adán y Eva eran vírgenes antes de su matrimonio, de modo que no tenían motivos para sentir vergüenza. También es cierto que en ese momento no tenían pecado, pero la entrada del pecado no cambió las normas sexuales de Dios. Todavía se espera que los hombres y las mujeres sean vírgenes antes del matrimonio.

No había dobles normas como las que tenemos hoy, donde los hombres en particular excusan su pecado diciendo cosas como: "Bueno, soy un hombre, y usted sabe cómo son los hombres con el sexo". No. Usted no establece las normas; Dios las establece.

Estoy realmente preocupado por esto, porque estamos formando una generación de jóvenes, e incluso niños, que son como el perro que una vez tuve. Cuando mi perro quería satisfacer sus deseos sexuales, salía a buscar una perra. Sus normas no eran muy altas. Lo único que le preocupaba era que su pareja fuera una hembra.

Cuando mi perro volvía a la casa, no parecía muy preocupado por lo que había hecho. Comía y dormía como si no hubiera pasado nada. Si esa perra cargaba ahora a sus cachorritos, no era algo que a él le preocupara. Lo único que le importaba era que había satisfecho su pasión.

Lo que tenemos hoy es una generación de hombres cuyas normas sexuales no son más altas que las de mi perro. No les interesa en absoluto las consecuencias para la mujer, ni van a hacerse responsables de ningún hijo que puedan engendrar. De modo que nuestra sociedad paga la cuenta de su irresponsabilidad mientras nosotros pagamos las consecuencias en nuestra cultura.

Esto es lo que sucede cuando se abandonan los ideales de Dios para el sexo. La cultura sufre bajo el peso de una generación de hijos no deseados y abandonados, mujeres sin un hombre con quien casarse y hombres que han malentendido el significado de la masculinidad.

Otra tragedia de hoy día es que si sus hijos asisten a la escuela pública, es muy probable que reciban alguna información equivocada y perjudicial. Aunque su escuela no reparta preservativos, aun así, la mentalidad de "sexo seguro" está presente en lo que enseñan.

Sin embargo, Dios dice algo completamente diferente. La norma sexual de Dios fuera del matrimonio es la virginidad, una dádiva sumamente valiosa que Él nos ha dado, que solo podemos entregar una vez y nunca la volveremos a tener. Sí, hay perdón por el pecado, y una persona que ha caído sexualmente puede volver a Cristo. Pero la inmoralidad, en cualquiera de sus formas, provoca un inmenso daño. Debemos luchar por volver a las normas de Dios.

La perspectiva bíblica acerca del sexo

La iglesia de Corinto tenía problemas sexuales. Los corintios vivían en una ciudad obsesionada por el sexo, una ciudad portuaria donde atracaban barcos de todas partes. Corinto era la Nueva York o Los Ángeles de aquellos días. Era la ciudad indicada: edificada para el oficio de esta actividad y al servicio de todos los marinos mercantes y navegantes que llegaban.

De hecho, sobre una colina de Corinto estaba ubicado el templo de Afrodita, la diosa del amor. Este templo estaba dividido en dos partes iguales. Una parte funcionaba como restaurante y la otra como prostíbulo. Las personas iban a cenar al restaurante y luego visitaban el prostíbulo. Básicamente, el prostíbulo estaba conformado por habitaciones que albergaban a mil (o más) prostitutas "sagradas", que tenían relaciones sexuales con los adoradores como parte de sus ritos paganos.

EL SEXO FORMA PARTE DEL ADN QUE DIOS NOS HA DADO, PERO NUNCA HA SIDO DISEÑADO PARA QUE NOS DOMINE.

Debido a esto, Pablo tuvo que explicar que tener sexo no es lo mismo que cenar. Los ciudadanos de Corinto estaban equivocados en este aspecto, porque se comportaban como si el sexo fuera igual que los alimentos. Cuando se tiene hambre, se come. Cuando el cuerpo tiene apetito sexual, hace lo mismo que cuando tiene hambre. Lo satisface.

Pero Pablo tenía una palabra para ellos, y es una palabra para nosotros también. Sin embargo, antes de abordar la diferencia entre los alimentos y el sexo, Pablo aclaró un punto muy importante sobre la pasión sexual en general cuando dijo: "Todas las cosas me son lícitas, mas no todas convienen; todas las cosas me son lícitas, mas yo no me dejaré dominar de ninguna" (1 Co. 6:12).

Lo que él estaba diciendo era que Dios tiene reglas que controlan cómo usar lo que hemos recibido.

El sexo es una pasión legítima y lícita que Dios nos ha dado. De modo que si usted tiene dificultades sexuales, no ore para que Dios le quite su pasión sexual, porque estaría pidiendo no ser humano. Lo que debe pedir es que su pasión sexual, lícita y legítima, no lo domine de manera tal que la expresión de esta se convierta en una obsesión sin importarle las reglas de Dios. El sexo forma parte del ADN que Dios nos ha dado, pero nunca ha sido diseñado para que nos domine.

Como podemos ver, libertad no significa hacer todo lo que *quiere* hacer. Libertad es hacer lo que *debemos* hacer. Suponga que un hombre se para en la cúspide de un edificio alto y dice: "Quiero ser libre de la gravedad. Voy hacer lo que yo quiero. Así que déjame avisarte, gravedad, que yo soy el que manda ahora. Soy libre". El hombre salta del edificio, y por un par de segundos es libre. Pero no pasa mucho tiempo hasta que se da cuenta de que no es tan libre como pensaba. Hecho que se confirma cuando lo levantan del pavimento. La gravedad estuvo al mando todo el tiempo.

Las líneas de banda del fútbol americano están destinadas a contener el juego. Suponga que el corredor dice: "Hoy no tengo ganas de que me derriben. No me gustan las líneas de banda. Creo que iré corriendo hasta las gradas, saldré por el sector de los puestos de comida hasta el estacionamiento, volveré a entrar por el otro lado, pasaré por el sector de los puestos de comida, descenderé las gradas y me meteré otra vez al campo de juego y cruzaré la línea de meta para anotar un *touchdown*. Después de todo, soy libre". Eso no es libertad. No se puede jugar fútbol americano sin líneas de banda. Y tampoco se puede disfrutar del sexo que Dios diseñó si se actúa fuera de sus normas.

El sexo es como el fuego. Contenido dentro de la chimenea, el fuego mantiene caliente todo el hogar. Sin embargo, si se lo deja libre, el fuego quemará toda la casa. No queremos que el fuego de nuestra casa esté libre, sino controlado para que pueda generar calor, no destrucción.

Y si bien el sexo es como el fuego, no se puede comparar a los alimentos; una importante distinción que Pablo necesitaba hacer para los corintios como mencioné anteriormente. De modo que en el versículo siguiente, Pablo hizo esta distinción: "Las viandas para el vientre, y el vientre para las viandas; pero tanto al uno como a las otras destruirá Dios. Pero el cuerpo no es para la fornicación [inmoralidad sexual], sino para el Señor, y el Señor para el cuerpo" (1 Co. 6:13).

Los corintios tenían razón con respecto a los alimentos, en que el estómago fue creado para los alimentos. En otras palabras, cuando usted tiene hambre hace bien en comer, porque Dios ha diseñado un compartimento para recibir lo que ingerimos. No hay ningún problema en ello, porque algún día tanto los alimentos como su estómago quedarán obsoletos. Pero el sexo no puede equipararse con los alimentos; hay mucho más en juego. Dios no nos puso en la tierra para que demos rienda suelta a nuestras pasiones sexuales. Debemos usar nuestro cuerpo —es decir, nuestras vidas— para la gloria de Dios.

Pero algunos podrían decir: "Todos lo hacen". La respuesta de Dios es: "¿Desde cuándo es usted como todos? ¿Desde cuándo la multitud le dicta lo que debe hacer?".

Muchos cristianos hoy día batallan con el pecado sexual como los corintios. Todos somos propensos a ello. Todo surge de la misma raíz: nuestra carne pecadora, que se alimenta de la cosmovisión secular, lo cual nos lleva, como cristianos, a dejarnos gobernar por lo que dice la cultura y no por quienes somos en Cristo. Todos nos enfrentamos a ello.

De modo que la pregunta no es si tenemos apetito sexual. La pregunta es: ¿qué medio legítimo nos ha dado Dios a través del cual satisfacer ese apetito? A modo de recordatorio, el único medio legítimo de Dios para la expresión sexual entre dos personas es el matrimonio. A menos que usted se base sobre este fundamento, creerá y actuará sobre la mentira de que es libre para tener sexo cada vez que le venga en ganas. Y comenzará a creerse la afirmación: "Así es como Dios me hizo".

Otra diferencia entre los alimentos y el sexo es que lo que usted come no afecta lo que suceda en la eternidad, pero la actividad sexual sí. De hecho, su moralidad afecta su herencia en la eternidad. Leemos: "ni los fornicarios... ni los adúlteros, ni los afeminados, ni los que se echan con varones... heredarán el reino de Dios" (1 Co. 6:9-10). En este pasaje, Pablo establece claramente que nuestra inmoralidad sexual afectará nuestra herencia en el reino de Dios. También afectará lo que recibamos cuando estemos delante de Cristo y nos dé nuestra recompensa (1 Co. 3:12-15).

En 1 Corintios 6:14, Pablo continúa con su perspectiva eternal cuando escribe acerca del poder de resurrección de Dios: "Y Dios, que levantó [resucitó] al Señor, también a nosotros nos levantará [resucitará] con su poder". Recuerde que allí él está hablando del cuerpo. ¿Qué parte de nosotros resucitará algún día? No será nuestro espíritu, que nunca muere, sino nuestro cuerpo. Lo que Pablo está mostrando es que nuestro cuerpo tiene importancia más allá de la tumba, de modo que lo que hacemos con nuestro cuerpo tiene consecuencias eternas.

La pregunta que debemos responder es esta: ¿Creemos realmente que el poder de Dios es tan grande que algún día Él transformará nuestro cuerpo muerto y nos resucitará para llevarnos a la eternidad, pero que su poder no es suficiente para ayudarnos a controlar nuestras pasiones sexuales en el presente? Todo aquel que cree esto no entiende el poder de la resurrección de Jesucristo. Usted no tiene que dejarse dominar por sus pasiones.

La resurrección de Cristo es prueba de que tenemos poder para controlar las pasiones de nuestro cuerpo hasta que Dios nos provea una válvula de escape para estas en el matrimonio.

Ya hemos visto este pasaje en el primer capítulo, pero conviene repetirlo aquí donde leemos lo que sigue escribiendo Pablo en 1 Corintios 6:

> "¿No sabéis que vuestros cuerpos son miembros de Cristo? ¿Quitaré, pues, los miembros de Cristo y los haré miembros de una ramera? De ningún modo. ¿O no sabéis que el que se une con una ramera, es un cuerpo con ella? Porque dice: Los dos serán una sola carne. Pero el que se une al Señor, un espíritu es con él" (vv. 15-17).

Los creyentes de Corinto eran parte del mundo griego pagano, que enseñaba una perspectiva del universo en dos niveles. Los griegos creían que lo espiritual y lo físico estaban en dos niveles completamente separados. Por consiguiente, uno podía hacer lo que quisiera con su cuerpo sin que afectara su espíritu.

Dios no aprueba dicha perspectiva. El cuerpo y el espíritu están íntimamente ligados. Para el cristiano, el sexo es un asunto espiritual. Usted no puede adorar a Dios el domingo, incurrir en alguna inmoralidad sexual el lunes y mantener las dos cosas separadas; porque su cuerpo, no solo su espíritu, es para el Señor. De hecho, como cristiano, cada vez que usted participa en actividades sexuales, ya sea física o incluso mentalmente, Cristo está allí con usted.

Igual que la mujer que consume drogas mientras está embarazada y así convierte a su bebé en un partícipe involuntario de su adicción a las drogas, cuando usted incurre en inmoralidad sexual como hijo del Rey, hace a Jesús partícipe involuntario de lo que está haciendo.

Como cristiano, ha sido comprado por un precio muy alto: la muerte y la sangre de Jesucristo. Usted ya no es su propio dueño. Su dueño es Cristo "Porque [ha] sido [comprado] por precio; [glorifica], pues, a Dios en [su] cuerpo" (1 Co. 6:20).

Su cuerpo es ahora templo del Espíritu Santo, por lo cual cada vez que tiene relaciones sexuales o participa en actividades sexuales, ya sea física o mentalmente, usted está yendo a la iglesia.

El templo era un lugar de adoración; de modo que, básicamente, dondequiera que esté y sea lo que sea que esté haciendo, está celebrando un servicio de adoración. La próxima vez que piense incurrir en alguna inmoralidad sexual, pregúntese si es algo que haría en el santuario. Porque eso es lo que está haciendo. Su cuerpo es el santuario del Espíritu Santo.

De la misma manera, en estos versículos, Pablo nos dice que no hay una perspectiva bíblica del sexo sin compromiso. El único uso lícito del sexo es dentro del matrimonio, donde dos personas llegan a ser una. Usted no tiene sexo para luego tener un compromiso. Primero hace el compromiso y luego lo celebra con el sexo. Usted no dice: "Probemos, y después veré si quiero casarme contigo".

No, primero nos casamos y después probamos. Mujer, no se deje engañar por hombres con mucha labia, que quieren mostrarle amor sin comprometerse con el amor que quieren mostrarle. ¿Por qué? Porque usted es más valiosa que eso. Usted es demasiado valiosa para ser un juguete desechable en manos de hombres inmaduros que solo quieren gratificar su deseo sexual.

Antes bien, mantenga su frente alta y dígale que usted es valiosa. Pregúntele: "¿Estás dispuesto a dar tu vida por mí?". Que le pague la cena y la entrada al cine no significa ningún compromiso. Pero cuando los dos contraen un compromiso para toda la vida, es ahí donde deben expresar juntos su sexualidad.

Pablo no está diciendo que el sexo fuera del matrimonio está mal por el simple hecho de que dos cuerpos cálidos se unen. Algo mucho más significativo sucede. El sexo fuera del matrimonio es una mentira total, porque dos personas están consumando el acto matrimonial sin el pacto. Y nunca se propuso cosa semejante en la economía de Dios.

Muchos individuos, incluso creyentes, que han estado casados por mucho tiempo, todavía sufren por las cicatrices de cosas que, probablemente, tuvieron lugar en sus años de adolescencia. La razón es que no hay otro pecado como el pecado sexual, porque cualquier otro pecado es externo en su efecto; pero la inmoralidad hace daño al alma.

¿Por qué? Porque, como hemos visto, Pablo dice

que cuando usted participa de la intimidad física, dicha participación produce algo nuevo. Las dos personas llegan a ser una sola. No hay otro reino, excepto aquel en el que usted se une a Cristo en salvación, donde se produce esta clase de intimidad. No solo eso, sino que, como vimos anteriormente, hay impresiones químicas producidas en su cerebro que solidifican la unión sexual. Es como tomar sodio y combinarlo con cloruro. Terminará con sal de mesa, un producto completamente nuevo. De la misma manera, cuando usted mezcla dos partes de hidrógeno con una parte de oxígeno, obtiene agua. Cuando dos personas se unen en la relación sexual, las Escrituras dicen que se da origen a algo completamente nuevo.

Ahora bien, si usted decide que ya no quiere eso nuevo que acaba de crear, que se trataba tan solo de una pasión o un romance momentáneo, entonces decide cortar con la relación. El hecho es que, al separarse, se está arrancando un pedazo de usted mismo. Obviamente, cuánto más lo hace, más abstinencia experimenta y mayor es la pérdida que usted siente.

Todos los que tienen niños saben cómo es tratar de sacar goma de mascar de la alfombra, especialmente después que alguien la pisara. Es bastante difícil tratar de sacar la goma de mascar sin que quede algo pegado. La fusión de la goma de mascar con la fibra de la alfombra se ha integrado tanto que para sacar toda la goma de mascar, es imposible no arrancar algo de la alfombra también. Y de todos modos, por lo general, algo quedará pegado.

De modo que lo mismo sucede cuando hay una fusión de dos personas en una relación sexual. Cuando tratan de cortar con la relación, se están cortando a sí mismos, y parte de ellos queda pegado también.

CUIDE SU PUREZA SEXUAL

Usted dice: "Tony, esto es difícil. Yo quiero mantenerme sexualmente puro, pero hay sexo por todos lados. ¿Qué puedo hacer?". Pablo tiene una respuesta muy directa para usted en 1 Corintios 6:18: "Huyan de la inmoralidad sexual" (NVI). En otras palabras, ¡Corran! Salgan de allí. Muévanse. Tomen la delantera. Esté un paso por delante de la tentación al fijar límites y usar técnicas para combatirla.

No se deje llevar por la emoción o la especulación, ni juegue con la tentación sexual. Usted tiene que salir corriendo de allí. No puede permanecer en un entorno sexualmente tentador para usted y esperar mantenerse puro. Esto podría significar tener que cambiar sus hábitos en cuanto a lo que ve y lo que lee, con quién sale como pareja o incluso cuáles son sus amistades.

Uno de los solteros más exitosos de la historia fue un joven apuesto e inteligente de alrededor de treinta años, que estaba comprometido con Dios. Su nombre era José. Fíjese en Génesis 39:5: "Y aconteció que desde cuando le dio el encargo de su casa y de todo lo que tenía, Jehová bendijo la casa del egipcio a causa de José, y la bendición de Jehová estaba sobre todo lo que tenía, así en casa como en el campo".

Déjeme decirle algo acerca de José. Él provenía de una familia disfuncional. Sus hermanos eran asesinos, ladrones, adúlteros y manipuladores, que vendieron a José como esclavo. Su padre, Jacob, era polígamo. Si bien José provenía de una familia conflictiva, él terminó bien. Como veremos, mantuvo su pureza a toda costa.

¿Quiere decir que aunque su familia sea un desastre usted puede terminar bien? Sí, así es. ¿Quiere decir que usted puede recuperarse del maltrato y vivir en pureza delante de Dios? Sí, así es. Puede que no haya podido controlar lo que le sucedió, pero ahora para poder superar eso debe entender que, si Dios está en su vida, Él puede ayudarle a tener un nuevo comienzo.

El versículo 6 nos dice: "Y era José de hermoso semblante y bella presencia". Algunos podrían decir que si José era así de puro sexualmente, debía ser un tipo raro. Pero no, era un tipo muy apuesto, que atraía a las mujeres. Era un hombre bien fornido. Este hermano tenía todo lo que hay que tener.

Además, José ahora manejaba buen dinero porque tenía un buen trabajo. Y tenía poder porque estaba a cargo de toda la casa de Potifar, un importante funcionario egipcio. Era todo lo que cualquier hombre quisiera ser.

Pero José nunca permitió que lo externo controlara lo interno. Nunca permitió que la perspectiva que los demás tenían de él, controlara lo que él sabía de sí mismo. José era parte del pueblo de Dios. Era un hombre de Dios y, como resultado, pudo manejar bien una situación que tuvo lugar después, en los versículos 7-9:

> Aconteció después de esto, que la mujer de su amo puso sus ojos en José, y dijo: Duerme [*shakáb*] conmigo. Y él no quiso, y dijo a la mujer de su amo: He aquí que mi señor no se preocupa conmigo de lo que hay en casa, y ha puesto en mi mano todo lo que tiene. No hay otro mayor que yo en esta casa, y ninguna cosa me ha reservado sino a ti, por cuanto tú eres su mujer; ¿cómo, pues, haría yo este grande mal, y pecaría contra Dios?

Este es un hecho poderoso. José no permitió que las pasiones de otra persona controlaran sus decisiones. Ahora bien, se trataba de una mujer necesitada. Supongo que Potifar no estaba nunca, porque había dejado todo bajo el cuidado de José. José siempre estaba allí. Tal vez, ella estaba diciendo: "Tengo un problema; me ignoran". Pero José estaba diciendo: "Yo no soy su solución".

Qué hermoso contraste con los hombres que se aprovechan de mujeres, sabiendo que son vulnerables. Encuentran mujeres que podrían ser solteras, que saben que están solas y se sienten solas, y que probablemente están luchando con la tentación sexual. Y estos hombres se presentan como la respuesta a las necesidades emocionales de la mujer mediante la sexualidad.

José no permitió que la esposa de Potifar controlara sus acciones, porque su cuerpo le pertenecía a

Dios. Nótese el enfoque de la preocupación de José al final del versículo 9. El pecado sexual, como todo pecado, en el fondo, es contra Dios. José nunca había leído 1 Corintios 6, pero conocía el principio de que su cuerpo no le pertenecía.

Ahora bien, desearía poder decirle que una vez que usted se afirma en sus convicciones, la tentación se va. Pero sabemos, mejor que nada por la historia de José, que la señora de Potifar le siguió acosando "cada día" (Gn. 39:10).

Usted probablemente sepa lo que pasó. Ella le agarró de su manto y le dijo: "Duerme conmigo" (Gn. 39:12). ¿Qué hizo él? Huyó. Dejó su manto y salió corriendo de la casa. A José le tocó perder su manto en este hecho, pues al huir el manto quedó en las manos de ella.

Pero, por favor, observe que José no dijo: "Déjame darte un consejo" o "Vamos a hablar de esto". Él salió de allí. Corrió. Le costó caro ser firme en sus convicciones, porque la mujer le acusó de violación, Potifar le creyó y José terminó en la cárcel (Gn. 39:20).

EL ACTO SEXUAL SIGNIFICA QUE HA TENIDO LUGAR UNA RELACIÓN ESPIRITUAL.

Escúcheme: Si usted decide mantener a toda costa su pureza sexual, tendrá que pagar un precio.

Si usted es hombre, cuando algunos se den cuenta de que está siendo firme en sus convicciones, le avergonzarán y mirarán mal. Cuestionarán su hombría. Si usted es mujer, algunas personas pensarán que es una reprimida. Sus amistades podrían acusarla de tener demasiado miedo a divertirse. Algunos hombres podrían tratar de poner a prueba su compromiso.

Si usted se compromete a conservar su pureza sexual, podría sentir como si estuviera en una prisión mental sin ayuda, como José estaba en una prisión literal. Hay un costo que pagar, pero con Dios, hay un día de pago. Continúe leyendo en Génesis, y verá cómo Dios honró y bendijo a José al colocarlo en un alto puesto de gobierno en Egipto. Dios le dio una esposa y dos hijos; e incluso trajo de vuelta a sus hermanos y los transformó para que se arrepintieran.

Puede que tenga que pagar un costo por ser fiel a Dios, pero cuando Dios le recompense, habrá valido la pena.

LA NATURALEZA DESTRUCTIVA DE LA INMORALIDAD

Vuelva a leer 1 Corintios 6 y preste atención al resto del versículo 18: "Todos los demás pecados que una persona comete quedan fuera de su cuerpo; pero el que comete inmoralidades sexuales peca contra su propio cuerpo" (NVI). Ahí está. Cuando usted desarrolla un estilo de vida de inmoralidad, es distinto a cualquier otro pecado en su naturaleza destructora.

Las drogas no pueden compararse al sexo en su capacidad destructora. El delito tampoco puede compararse al sexo. Nada puede compararse al sexo, porque el pecado sexual conlleva su propio mecanismo incorporado de autodegeneración. ¿Por qué? Por lo mencionado anteriormente: El sexo es el único que combina lo físico con lo espiritual.

El acto sexual significa que ha tenido lugar una relación espiritual. De modo que cuando se trata de una relación espiritual ilegítima y usted se separa de esta, se separa con un daño espiritual así como físico y emocional. Muchas personas ni siquiera saben que están batallando contra esto en su matrimonio; son los vestigios de cosas que sucedieron anteriormente, pero que nunca han enfrentado.

La persona inmoral es como el hombre que roba un banco y en el momento toma lo que quiere; pero después, una vez que lo atrapan, tiene que pagar el precio de por vida. Sin embargo, la persona moralmente pura es como aquella que guarda su dinero en el banco donde acumula intereses de manera segura, de modo que puede disfrutarlo realmente cuando llegue el momento de extraer el dinero de su cuenta.

Lo que hoy día estamos viendo en el mundo es la destrucción que están causando los hombres y las mujeres que tomaron la idea de Dios sobre el sexo y la contaminaron. Dios les da mucho valor a la virginidad y a la pureza sexual en el matrimonio.

Amigo, puesto que este no es el mensaje que su cultura le está transmitiendo, deberá ir particularmente contra la cultura. Deberá ir contra la corriente, lo cual, como he sugerido, podría significar que se rían de usted y le pongan apodos que no le gustarán por tener principios que la mayoría de sus amistades no tiene. Pero no está solo. Esto nos sucede a todos los que pertenecemos a Cristo.

Pablo no podía pasar por alto el tema de la moralidad sexual. Él vivía en un mundo decadente, lleno de incesto, libertinaje y prostitución. Todo estaba moralmente contaminado y allí estaban los cristianos de Corinto, y estoy seguro de que en otras ciudades también, con toda clase de preguntas: ¿Cómo me controlo en un mundo como este? ¿Cuál debería ser mi actitud hacia el matrimonio?

Le suena conocido, ¿verdad? Lo que nos pasa no es nada nuevo. El divorcio era común en la sociedad del Nuevo Testamento. De hecho, en los días de Pablo no era inusual que alguien se casara veinte veces. El hombre podía dejar a su esposa casi por cualquier razón: porque no sabía cocinar, porque estaba engordando un poco o porque le estaban empezando a salir arrugas; unas arrugas que, sin duda alguna, el esposo había causado. No obstante, todas estas cosas ridículas llegaban a ser motivos de divorcio.

Pablo se metió en esa locura para decir a los cristianos que tenían que ir en contra de la cultura. Como vimos anteriormente, él sostenía que Dios había creado la sexualidad y, por lo tanto, Él debía definirla. Cualquier definición de sexualidad que excluya a Dios es una definición imperfecta del término, y es destructiva.

Por lo tanto, la persona inmoral peca contra su propio cuerpo. Es decir, cuando incurrimos en la inmoralidad, empezamos a destruirnos a nosotros mismos. Dice Pablo que no hay otra faceta de la vida que pueda producir tanto daño interno como esta.

En el capítulo 7 de su primera carta a los corintios, Pablo tiene una palabra para los solteros y los casados en respuesta a las preguntas que le habían planteado por escrito. En el versículo uno va directo al grano: "Bueno le sería al hombre no tocar mujer". La palabra *tocar* significa encender un fuego, lo cual se entiende como un eufemismo para referirse a la actividad o pasión sexual. Pablo dice que sería bueno si ese fuego no se encendiera porque, una vez encendido, es muy difícil extinguirlo. Y, una vez que se enciende, ese fuego puede fácilmente arder fuera de control.

Dado que Pablo dice que sería bueno no encender el fuego de la pasión sexual, la palabra bíblica a los solteros es que su soltería nunca puede ser buena a menos que sea celibato. Y a los casados les dice que su lecho matrimonial solo es bueno mientras sea puro. Para decirlo de alguna manera, usted no tiene que encender el fuego de ninguna otra persona.

Si usted es soltero y actúa como si estuviera casado —es decir, si no está casado pero está ligado físicamente a otra persona de tal modo que funcionan como una pareja casada— eso no es bueno. Su soltería nunca será buena para Dios a menos que sea una soltería en celibato. Si usted está tratando de vivir en dos mundos a la vez, nunca conocerá la vida de soltero buena, que honra a Dios, de la que Pablo está hablando. De hecho, Pablo habla tan favorablemente de la soltería, que dice: "Quisiera más bien que todos los hombres fuesen como yo [solteros]" (1 Co. 7:7).

Solteros, si realmente quieren maximizar su soltería, deberían evitar encender el fuego de la pasión sexual a fin de abstenerse de la inmoralidad. Entonces Dios bendecirá y usará su soltería, y encontrarán la realización, el significado y la dirección que Él quiere que tengan.

Por eso Pablo dice que, para evitar la inmoralidad, lo que todo hombre y toda mujer deben hacer es guardarse para el matrimonio. El hecho es que algunas personas fueron tan activas sexualmente antes de casarse, que se están quedando sin combustible después de casarse. Sus pasiones ardieron demasiado pronto, y ahora ya no arden tanto porque no guardaron lo que era especial y sagrado para el lecho matrimonial. Esto ayuda a explicar las altas ventas de *Viagra* y otras drogas para mejorar el rendimiento sexual.

Jovencita, no permita que ningún muchacho le diga que porque se cortó el pelo, lavó el auto y le sacó brillo, la invitó a salir y corrió con todos los gastos, él hizo su parte y ahora le toca a usted hacerle un favor. Dígale que se olvide de ello. Él no puede hacerle esas propuestas sexuales solo porque hizo todas esas cosas. Que se guarde su dinero y se vaya. Dígale adiós.

¿Por qué? Porque usted no está a la venta. Recuerde, después de la intimidad, cuando él se va, se lleva parte de usted con él y deja parte de él grabado en usted. Fuera del matrimonio, usted no tiene ninguna obligación sexual solo porque el muchacho sea amable con usted. Hasta que él no esté dispuesto a entregarse por completo a usted, no puede exigirle nada. Si él le dice: "Si me amas, debes darme una prueba de tu amor", usted debe decirle: "Porque te amo y me amo, no lo haré".

La idea de Dios es que la relación sexual debe preservarse para el hombre y la mujer en el contexto del matrimonio. El sexo no es una manera de dar las gracias por una linda velada. Dios no nos dio el sexo para aliviar tensiones o como nuestro pasatiempo favorito. Dios no nos dio el sexo tan solo para que nos sintamos bien, sino para expresar nuestro total compromiso a otra persona.

Por lo tanto, espere hasta que Dios le dé esa persona. Ore por ella. Luego, cuando Dios le dé esa persona, podrá expresar su compromiso en la total intimidad de esa relación.

Es muy grave dar rienda suelta a la sexualidad fuera de la seguridad de un matrimonio para toda la vida, en el cual los dos llegan a ser una sola carne. El matrimonio es el único método de Dios para el sexo seguro.

3

El carácter sagrado del sexo

Pablo no era un soltero puritano y farisaico, que tenía en poco a aquellos que no podían controlar sus pasiones. Es posible que Pablo estuviera casado alguna vez, porque pudo haber sido miembro del Sanedrín, la corte suprema judía, cuyos miembros tenían que estar casados.

Si Pablo fue llamado a ser soltero, viudo o lo que sea, no lo sabemos. Lo que sabemos es que habla sin tapujos sobre el tema de la intimidad matrimonial, y no se disculpa por ello.

Fíjese en el versículo 3 de 1 Corintios 7: "El hombre debe cumplir su deber conyugal con su esposa, e igualmente la mujer con su esposo" (NVI). La palabra *deber* puede causar gran inquietud. ¿Es un deber la intimidad matrimonial? ¿Qué quiere decir Pablo? Está diciendo que la intimidad física debe estar enfocada en el otro, en lo que mi pareja necesita.

Ahora bien, no estoy diciendo que todos los solteros no creyentes están enfocados en sí mismos. Y tampoco trataría de afirmar que cada matrimonio cristiano refleja el ideal de entrega abnegada. Estoy hablando de lo que debe ser un patrón general.

Por cierto, el mandato de Pablo en el versículo 3 es importante. Es responsabilidad del esposo tomar la delantera, y el llamado de su esposa es el de responder.

Muchos hombres me han dicho: "Me encantaría cumplir mi deber con mi esposa, pero ella no me deja". Eso podría deberse a que ella no necesita aquello que usted le está ofreciendo. Una de las mayores dificultades en el desarrollo de la verdadera intimidad física es entender qué necesita la otra persona.

Lo que la mujer necesita comienza a la mañana, no a la noche. Lo que la mujer necesita comienza en la cocina, no en el dormitorio. Lo que la mujer necesita comienza con sus emociones, no con su cuerpo. Cuando algunos esposos dicen que quieren satisfacer las necesidades de su esposa, están hablando de algo muy diferente a lo que su esposa entiende por esa frase.

Si un esposo realmente tiene serias intenciones de suplir las necesidades de su esposa, hablará más con ella, le hará más halagos. La cortejará y le mostrará amor sin doble intención, sino tan solo como una expresión de cariño. Esposo, escúcheme: si su esposa sabe que la única vez que cuenta con su total atención es a las 10 de la noche, cuando usted quiere tener relaciones sexuales; si ella sabe que el único momento que recibirá sus halagos, reconocimiento, aprecio y valoración es en ese momento, porque usted ni se percató de que sus necesidades emocionales comenzaron a las 10 de la mañana, no está cumpliendo su deber con su esposa.

> **Cuando en el matrimonio se satisfacen las necesidades, la intimidad física es un resultado natural.**

Es por ello que 1 Pedro 3:7 nos exhorta a los esposos a comprender a nuestras esposas. En su mayoría, nuestras esposas se sintieron atraídas a nosotros, al menos y en parte, por lo que hacíamos cuando éramos novios. Una cosa que hacíamos era hablar de tal manera que ella no podía hacer otra cosa que responder de manera positiva.

Otra cosa que muchos hombres sabían hacer, cuando salían con la que sería su esposa, era hacerla sentir especial y pensar en pequeños detalles que la sorprendieran. Le abrían la puerta del auto y esperaban hasta que ella entrara, y luego la cerraban suavemente. Ahora, ella es afortunada si logra entrar al auto antes que él arranque. Cuando estaban por entrar a un lugar, el caballero le abría la puerta a la dama. Ahora, él entra primero y ella tiene que sujetar la puerta para que no se le cierre en la cara.

Como verá, esposo, lo que hizo que su esposa se quisiera casar con usted no fue que se quitara la ropa y le hablara de sus atributos físicos. Fue el hecho de que usted satisfacía muchas de sus necesidades.

Cuando en el matrimonio se satisfacen las necesidades, la intimidad física es un resultado natural. En otras palabras, el esposo no cumple su deber con su esposa a menos que satisfaga sus necesidades.

Esta será una revelación sorprendente para muchos esposos, pero de todos modos la voy a mencionar: una de las mejores maneras de averiguar qué necesita su esposa es preguntárselo. Suponer que lo que usted está ofreciendo es lo que la otra persona necesita es una gran necedad. Las esposas dicen que necesitan nuestro cariño y un sentido de seguridad, comunicación, atención y aprecio.

Por este motivo, cuando se acaba el romance en un matrimonio, la pasión de la esposa por el sexo a menudo se apaga. No así con los hombres. A los hombres no les interesa todo este cuento de las relaciones. Es lindo, pero es algo adicional. Usted puede hacer enojar a un hombre a las 10 de la noche, y al cabo de 5 minutos está bien y listo para un poco de pasión. Usted hace enojar a una mujer a las 10 de la mañana y, si eso no se resuelve, seguirá estando mal cuando lleguen las 10 de la noche. De hecho, puede que siga estando mal a las 10 de la noche durante todo un mes.

No estoy diciendo que es bueno que los hombres seamos así; tan solo estoy diciendo cómo somos. Los hombres tenemos mucho que aprender en cuanto al arte de la intimidad con nuestra esposa. Necesitamos aprender que para nuestra esposa la intimidad sexual abarca a toda la persona y a toda la casa. Implica el halago que le hacemos por la comida, cómo llegamos a la casa cuando venimos del trabajo y cómo la tratamos cuando ella llega del trabajo, si ese fuera el caso.

Cuando las parejas me vienen a ver y me dicen que tienen problemas sexuales, raras veces es cierto. En la mayoría de los casos, lo que tienen es un problema de intimidad, un problema relacional. Debido a ello, tienen dificultades en la parte física de su matrimonio. Pero la parte física no es el problema.

El problema fundamental queda expresado en esa palabra *deber.* Esposo, su deber es con su esposa, no con usted mismo. Cuando muchos hombres dicen "quiero satisfacer las necesidades de ella", lo que realmente quieren decir es "quiero que ella satisfaga mis necesidades". Eso no es lo que Pablo dice. Él dice que el problema para el esposo son las necesidades de su esposa. Hasta que el esposo esté dispuesto a dedicar tiempo y hacer el esfuerzo de comprender a su esposa y conocer sus necesidades, nunca podrá satisfacerlas.

Ahora bien, Pablo sabe que este es un camino de ida y vuelta. La segunda mitad de 1 Corintios 7:3 es tan importante como la primera. Si un esposo está satisfaciendo las necesidades de su esposa, el deber de ella es recíproco: responder como corresponde.

En otras palabras, esposa, su esposo no puede cortejarla, cuidar de usted, halagarla, servirle y asegurarse de satisfacer sus necesidades, solo para que usted se niegue a satisfacer las necesidades de él. Usted no puede ser la parte receptora y no la dadora. No puede recibir su amor y sus demostraciones de afecto y no cumplir su deber con él.

Fíjese en el versículo 4: "La mujer ya no tiene derecho sobre su propio cuerpo, sino su esposo. Tampoco el hombre tiene derecho sobre su propio cuerpo, sino su esposa" (NVI). Cuando un esposo está cumpliendo su deber con su esposa, la esposa responde y cumple su responsabilidad con su esposo sometiéndose a su autoridad o liderazgo.

La esposa cede el derecho de su cuerpo al toque, el cuidado, las caricias y el amor de su esposo. Entonces el esposo actúa acorde con la respuesta de su esposa y él también le cede el derecho de su cuerpo. La situación aquí es de dos individuos que están aprendiendo que cada uno le pertenece totalmente al otro. En cierto aspecto misterioso, cuando dos personas tienen intimidad existe una entrega de sí mismos, vulnerabilidad y concesión mutua.

Para la mayoría de nosotros, pureza sexual significa hablar de relaciones prematrimoniales, cómo mantenerse puro hasta el matrimonio, cómo evitar la tentación y todos esos asuntos. Pero la descripción que hace la Biblia de la pureza sexual comprende toda la gama de nuestra sexualidad, incluido el matrimonio. Lo que estamos tratando aquí es una parte muy importante del tema del sexo, así como de todos los asuntos prematrimoniales y extramatrimoniales.

Si usted es un asiduo lector de la Biblia, sabe que el Cantar de los Cantares contiene la descripción más desinhibida de la intimidad sexual en el matrimonio. El capítulo 4 describe con gran detalle el preámbulo de la intimidad, y lo hermoso de esto es que podemos ver cómo Salomón y su esposa se entregan a sí mismos, cómo ceden mutuamente el derecho de sus propios cuerpos. Fíjese que la intimidad comienza con los halagos y las palabras de admiración y aprecio de Salomón por su esposa, no con el acto sexual físico. Pero cuando están en el momento de la intimidad, Dios mismo invita a los amantes a disfrutarse uno al otro (Cnt. 5:1).

Cuando este tipo de intimidad se produce dentro del matrimonio, Dios lo bendice. Cuando ocurre fuera del matrimonio, Dios lo condena. Dios cree tanto en este tipo de intimidad matrimonial que lo ha registrado, detalle por detalle, en la Biblia.

Cuando predico acerca de este tema, suelo hacerles algunas preguntas prácticas a los hombres de mi iglesia. ¿Cuándo fue la última vez que cortejó a su esposa? ¿Cuándo fue la última vez que la sorprendió? ¿Cuándo fue la última vez que la acarició sin intenciones sexuales, o que notó su vestido nuevo o su nuevo corte de pelo? ¿Cuándo fue la última vez que la llamó por teléfono y simplemente le dijo: "Solo llamé para decirte hola. Estoy apurado, pero no puedo dejar de pensar en ti"?

Esposo, si usted satisface las necesidades de su esposa, ella responderá acorde y le hará saber que está dispuesta a entregarle su cuerpo. No hay nada que pueda compararse a este tipo de intimidad. Así es como Dios lo diseñó.

Sexualidad de pacto

El carácter sagrado del sexo es algo que todos en uno u otro nivel tenemos que respetar. Es un reto constante tener la perspectiva correcta acerca del sexo. Digo *todos* porque el carácter sagrado del sexo va mucho más allá de lo físico. Lo podemos ver en el séptimo mandamiento: "No cometerás adulterio" (Éx. 20:14), a la luz de la revelación de Cristo sobre este mandamiento. Leemos sus palabras: "Ustedes han oído que se dijo: 'No cometas adulterio'. Pero yo les digo que cualquiera que mira a una mujer y la codicia ya ha cometido adulterio con ella en el corazón" (Mt. 5:27-28, NVI).

El séptimo mandamiento al que Jesús hacía referencia venía después del sexto mandamiento, que era: "No matarás". El asesinato es la muerte de una vida. El adulterio es la muerte de una relación. Lo que hace a los dos mandamientos paralelos es que ambos tienen la pena de muerte ligada a ellos (Éx. 21:12 y Dt. 22:22-24). Con semejante pena, el acto inmoral de adulterio era evidentemente una infracción grave.

> **MIENTRAS LA LEY SE ENFOCABA EN LA ACCIÓN, JESÚS SE ENFOCABA EN EL CORAZÓN.**

Si pasamos al Nuevo Testamento, Dios establece claramente que aquellos que se salen de los límites del sexo sagrado (por fornicación: sexo ilícito fuera del matrimonio, y adulterio: sexo donde una o ambas partes está casada con otra persona) serán juzgados. Leemos en el libro de Hebreos: "Tengan todos en alta estima el matrimonio y la fidelidad conyugal, porque Dios juzgará a los adúlteros y a todos los que cometen inmoralidades sexuales" (He. 13:4, NVI).

Esto se debe a que el adulterio está mancillando el vínculo del pacto. Y Jesús dijo que este pacto se mancilla incluso cuando el hombre mira a una mujer con lujuria; por no mencionar cuando dos personas incurren en inmoralidad sexual. Jesús dice que el adulterio va más allá del acto físico, porque está enraizado en una fuente espiritual.

Mientras la ley se enfocaba en la acción, Jesús se enfocaba en el corazón. Hoy día, en los comercios es habitual ver letreros que dicen que para prevenir los robos, han colocado cámaras de seguridad por toda la tienda. Eso tiene el propósito de mostrar los intentos secretos de robar lo que no les pertenece. Jesús dice que Dios ha colocado una cámara de seguridad en su corazón y que cualquiera que mire a otra persona con lujuria ya ha cometido adulterio. Aunque solo sea meditar en una simple imagen o varias imágenes de otra persona o fantasear en su mente con otra persona, está robando algo que no le pertenece.

Cuando un hombre mira a una mujer intencionalmente —y no me refiero a dar un vistazo para observar la belleza, porque Dios puso belleza en la mujer, y admirar la belleza no es pecado— pero cuando esa mirada es profunda o él lleva esa imagen a su mente, eso es lujuria.

La pornografía es inmoralidad; ya se trate de la pornografía fuerte de las revistas o de la pornografía suave de las películas o videos musicales. Jugar con mujeres indefensas es inmoral, ya sea que termine en el dormitorio o en su mente. Como dice Pablo: "Cometen adulterio con solo mirar y nunca sacian su deseo por el pecado. Incitan a los inestables a pecar" (2 P. 2:14, NTV). Estos son los hombres que buscan mujeres cuyos rostros revelen que se sienten tristes e ignoradas o que están necesitadas o confundidas emocionalmente, de modo que su "inestabilidad" genere una oportunidad para seducirla fácilmente. Los hombres que hacen esto son hombres que "cometen adulterio con solo mirar".

Mujer, tenga cuidado ante cualquier hombre que se presente como el rescatador, salvador o libertador del dolor, vacío o desatención que podría estar experimentando. Estos hombres podrían estar tratando de aprovecharse de su vulnerabilidad. Y puede que no aparezcan más una vez saciada la emoción de la conquista.

Fíjese, por ejemplo, en Amnón, el hijo del rey David, que se propuso llevar engañada a la cama con él a su medio hermana, Tamar. Después de manipular la situación, finalmente, le tendió una trampa, pero ella no consintió en tener sexo con él. De modo que él la violó (2 S. 13). Sin embargo, todo cambió después que Amnón sació su deseo con Tamar; y su amor, una vez ferviente, se convirtió en odio intenso. Leemos que "Luego la aborreció Amnón con tan gran aborrecimiento, que el odio con que la aborreció fue mayor que el amor con que la había amado. Y le dijo Amnón: Levántate, y vete" (2 S. 13:15).

Mujer, tenga cuidado con el hombre que no recibe un no como respuesta. Aunque podría hablarle más suave que ningún otro hombre en el mundo, e incluso colmarla de amor; ese amor puede rápidamente transformarse en desprecio cuando lo físico se sale de control.

Pablo dice en su carta a la iglesia de Tesalónica que Dios no toma livianamente el asunto de la inmoralidad sexual y, en particular, el de engañar a alguien en este asunto. De hecho, dice que Dios "toma venganza" de estas cosas, cuando escribe:

> La voluntad de Dios es que sean santos, entonces aléjense de todo pecado sexual. Como resultado cada uno controlará su propio cuerpo y vivirá en santidad y honor, no en pasiones sensuales como viven los paganos, que no conocen a Dios ni sus caminos. Nunca hagan daño ni engañen a un hermano cristiano en este asunto, teniendo relaciones sexuales con su esposa, porque el Señor toma venganza de todos esos pecados, como ya les hemos advertido solemnemente. Dios nos ha llamado a vivir vidas santas, no impuras (1 Ts. 4:3-7, NTV).

Él dice que no engañe a su hermano en este asunto. Obviamente, engañar es robar. Si usted está casado, Él le dice, no le robe a su hermano lo que no le pertenece por derecho. Si usted es soltero, también está robando porque le está robando al hermano que lo será. Todos los que hemos ido a la universidad hemos oído hablar de los muchachos que querían divertirse con mujeres fáciles, pero querían casarse con una mujer virgen. En otras palabras, querían engañar, pero no querían ser engañados.

Pero hoy día, en nuestra cultura, abunda el engaño porque muchas personas están acudiendo al sexo para tratar de resolver sus problemas, inflar su ego o aliviar su dolor. Sin embargo, acudir al sexo ilícito tan solo exacerba los problemas existentes en lugar de resolverlos, porque el sexo no ha sido diseñado para eso.

Imagínese que ha naufragado en un océano y está rodeado solo por agua salada. Aunque se estuviera muriendo de sed, no bebería de esa agua. Sí, sé lo que está diciendo: "Pero es que necesito agua. Estoy desesperado".

Usted necesita agua; solo que el agua salada no es buena para usted. Como sabrá, cuando usted bebe agua salada, ingiere tanta sal que sus riñones no pueden filtrarla a través de su sistema. De modo que sus riñones solo quieren más agua. Pero, lo único que tiene a su alcance es agua que contiene sal. Finalmente, sus riñones se detienen y dejan de funcionar, y aquello que está bebiendo para tratar de salvar su vida termina por quitarle la vida. Usted se muere de sed en un mar de agua, porque el agua salada nunca ha sido diseñada para saciar su sed.

Es asombrosa la cantidad de personas que busca resolver sus problemas mediante el uso del sexo ilegítimo. Y, sí, un orgasmo de ocho segundos puede brindarle una liberación momentánea, pero su problema continúa. La Palabra de Dios es clara en cuanto a que el sexo fuera del matrimonio solo producirá problemas en vez de resolverlos. De hecho, como vimos anteriormente, Dios mismo va a ser uno de dichos problemas, porque Él es el "juez" y el "vengador".

Recupere su pureza

A medida que vamos llegando a las últimas páginas de este libro, sé que muchos lectores podrían preguntarse qué pasa si ya han perdido su pureza. O qué pasa si ya se han salido de los límites de la naturaleza sagrada del sexo matrimonial. Si es así, tengo buenas noticias para usted, porque las Escrituras están llenas de personas como usted que tuvieron dificultades en esta faceta de la sexualidad, experimentaron las consecuencias de ello, se arrepintieron y fueron restauradas.

No importa cuánto haya hecho, o incluso cuánto hayan abusado de usted. Dios lo perdona y lo limpia, si se lo pide. Un diamante sucio sigue siendo un diamante. Solo que necesita ser lavado.

Todas las semanas llevo mi ropa sucia a la lavandería. Cuando la dejo, está maloliente, arrugada y manchada. Sin embargo, cuando voy a recogerla al día siguiente, mi ropa está limpia otra vez, planchada y con un fresco aroma. Esto se debe a que ha atravesado el proceso de eliminación de la suciedad que había en ella.

Jesús tiene un servicio de limpieza. En su servicio de limpieza, Jesús recoge a las personas sucias que han permitido, por uno u otro motivo, que sus vidas tomaran el camino equivocado. Y en su servicio de limpieza, Jesús sabe qué hacer exactamente para lavarlas y que vuelvan a estar limpias. Pero usted debe acudir a Él y pedirle que lo limpie. Si usted está implicado en alguna relación sexual ilícita, está usando pornografía o está incurriendo en cualquier clase de inmoralidad sexual, debe dejar de hacerlo, arrepentirse y pasar por el proceso de pedir perdón, perdonar y ser sanado.

REMORDIMIENTO NO DEBERÍA CONFUNDIRSE NUNCA CON ARREPENTIMIENTO.

No es suficiente con dejar de hacerlo. Si usted está lidiando con pecados morales no confesados, es por eso que no tiene paz. Es por eso que no tiene poder, no siente la presencia de Dios y sus oraciones no tienen respuesta. Porque cuando usted no es sincero con Dios, Él no pasa tiempo con usted. Sin embargo, renovar su intimidad con Dios implica mucho más que tan solo abandonar el pecado que está cometiendo o decidir no volver a hacerlo. Incluso va más allá que la confesión. Para experimentar el poder y la presencia de Dios en su vida —después de confesarle su pecado— es esencial buscar y fomentar una relación cercana e íntima con Él. Es al habitar con Cristo que usted descubre la verdadera paz.

Aunque el placer tiene el potencial de producir en nosotros una satisfacción momentánea, nunca puede darnos paz. Solo el verdadero arrepentimiento puede iniciar el proceso de restaurar la intimidad con Dios y producir paz en nuestro espíritu. Pero tenga presente que hay una diferencia enorme entre simple remordimiento y verdadero arrepentimiento. De hecho, remordimiento es lo que a menudo sentimos en relación con la inmoralidad sexual, especialmente cuando surgen las consecuencias. Pero remordimiento no debería confundirse nunca con arrepentimiento.

El remordimiento produce muerte mientras que el arrepentimiento produce vida. Considere tanto a Judas como a Pedro. Ambos cometieron el pecado de traición contra Jesús. Ambos se sintieron mal por lo que habían hecho. En efecto, leemos que Judas "sintió remordimiento" (Mt. 27:3, NVI). El remordimiento de Judas fue tan fuerte que incluso llegó a confesarlo. Sin embargo, el problema era que la confesión de Judas no parecía estar dirigida a Dios, sino más bien a los hombres. Leemos que devolvió las treinta piezas de plata y les dijo a los ancianos: "Yo he pecado entregando sangre inocente" (Mt. 27:4).

El versículo siguiente dice que, luego, Judas fue y se ahorcó. Su remordimiento no lo llevó a buscar la sanidad o restauración de su relación con Jesús. Lo llevó a la muerte. Sin embargo, cuando Pedro experimentó remordimiento por negar a Jesús, leemos que "saliendo fuera, lloró amargamente" (Mt. 26:75). Hasta aquí no vemos ninguna diferencia tangible entre el remordimiento de Judas y la angustia de Pedro. Sin embargo, es decisivo comprender que el arrepentimiento incluye más que angustia. El arrepentimiento incluye un cambio de actitud que redunda en un cambio de nuestras acciones. Significa dejar de hacer lo que estamos haciendo *y* hacer lo que debemos hacer.

Es evidente que Pedro se había arrepentido, porque cuando más tarde escuchó que Jesús no estaba en la tumba, corrió directamente al lugar donde pensaba que Jesús había estado, aunque, hasta donde él sabía, estaba corriendo directamente hacia la amenaza de los guardias romanos asignados a ese lugar. El arrepentimiento de Pedro era evidente en sus acciones. Sus acciones le llevaban a Jesús. De hecho, más adelante, cuando Pedro estaba pescando en su barca y Jesús apareció en la orilla y lo llamó, Pedro saltó del agua rápidamente para ir a Jesús. Sus acciones demostraban un cambio de actitud.

Asegúrese de que lo que usted llama arrepentimiento sea un verdadero arrepentimiento y no tan solo remordimiento, por haber sido atrapado o por estar sufriendo las consecuencias de lo que ha hecho. Porque solo el arrepentimiento que lo lleva a volver a tener una relación con Dios produce vida, paz y limpieza de la pureza moral.

No hay mejor ejemplo del servicio de limpieza de Jesús hacia un pecador sexual arrepentido, que su encuentro con la mujer atrapada en adulterio (Jn. 8:1-11). Si conoce la historia, sabrá que toda aquella situación se produjo porque los judíos siempre estaban tratando de tenderle una trampa a Jesús con un dilema sin solución.

De modo que le llevaron una mujer inmoral, porque sabían que la ley declaraba que ella debía ser apedreada hasta morir. Ellos cumplieron con la obligación de explicarle a Jesús que ella había sido atrapada en el acto mismo de adulterio. "Maestro, esta mujer ha sido sorprendida en el acto mismo de adulterio... Tú, pues, ¿qué dices?".

Puesto que ese era un lugar público, podemos imaginar la humillación que sintió esta mujer al estar frente al Hijo de Dios que no tenía pecado.

En vez de condenarla a muerte, Jesús respondió a las acusaciones y demandas de otra manera: se inclinó y escribió en el suelo. Hace dos mil años que los comentaristas bíblicos tratan de descifrar lo que Jesús escribió; pero, sea lo que sea, se puso de pie y tapó la boca de los escribas y fariseos con algo increíblemente poderoso cuando dijo: "El que... esté sin pecado sea el primero en arrojar la piedra contra ella" (v. 7).

Después empezó a escribir otra vez en el suelo mientras aquellos fariseos, igual de culpables y pecadores, se retiraron y se confundieron entre la multitud. Cuando Jesús se puso de pie por segunda vez, no quedaba nadie, sino solo la mujer y Él.

Creo que lo que Jesús escribió en el suelo tenía que ver con la lectura correcta de la ley sobre el adulterio, porque los hechos presentados eran confusos. Los acusadores de la mujer solo decían la mitad de la verdad. Si ella realmente había sido atrapada en el acto mismo de adulterio, esta mujer merecía la pena de muerte bajo la ley mosaica. Pero la ley estipulaba que el hombre también debía morir.

Sin embargo, estos hombres no le llevaron al hombre culpable, aunque sabían muy bien quién era, porque les habían atrapado en "el acto mismo". Esto mostraba que, en realidad, ellos no estaban interesados en la justicia o en honrar a Dios, o ninguna de las cosas de importancia. Si lo hubieran estado, hubiera habido dos personas paradas frente a Jesús y no solo una. En cambio, ellos solo estaban usando a esta mujer exponiéndola a vergüenza para hacer su propio trabajo sucio de tenderle una trampa a Jesús.

De modo que Jesús escribió una primera vez en el suelo, y después una segunda vez. Es posible que estuviera diciendo que si iban a condenar a aquella mujer por la ley, entonces debían cumplir bien la ley. Dos personas debían morir, no una.

Además había otra cuestión. Los que tiraran las piedras no debían ser culpables del mismo delito que el acusado. Ninguna persona podía agarrar una piedra y matar a otra persona por cometer adulterio si esa misma persona también había cometido adulterio, porque entonces debía recibir la misma sentencia después que terminaran con la otra persona.

Lo que quiero decir es que las primeras palabras de Jesús sobre tirar la primera piedra son más específicas de lo que generalmente entendemos por ellas. Por lo general, se ha interpretado que Jesús estaba diciendo que una persona tenía que ser perfecta antes de poder tirarle una piedra a otra.

Pero si eso fuera así, la ley nunca se hubiera

cumplido ni siquiera en la economía del Antiguo Testamento, porque no hay personas perfectas. Jesús no está hablando de ser perfectos. Él estaba diciendo que los únicos calificados para apedrear a aquella mujer eran aquellos que no fueran culpables del mismo pecado. Eso hizo que no tardara mucho hasta que la multitud se dispersara. Los hombres se fueron yendo uno tras uno, porque si le arrojaban una piedra a la mujer, entonces Jesús podía condenarlos a la misma pena de muerte por apedreamiento, puesto que ellos también habían hecho lo mismo; y tal vez, con la misma mujer.

Pero la mejor parte es lo que Jesús le dijo a la mujer. Él examinó su corazón y le dijo: "Ni yo te condeno; vete, y no peques más" (Jn. 8:11). Esta es la palabra de perdón que yo le dejo a usted si ha cometido pecado sexual.

Usted debe ir a Jesús con un corazón arrepentido y confesar su pecado. Después de hacer esto, Él le perdonará y usted podrá seguir su camino restaurado, y el poder de Dios le ayudará a no caer en pecado sexual otra vez. Fíjese que Jesús no minimizó el pecado de la mujer, ni la aporreó por eso como querían hacer los demás. Él reconoció su pecado, la perdonó y le dijo que no lo hiciera más. Lo que es más, Jesús no la condenó por ello, sino que le dijo específicamente: "Ni yo te condeno; vete, y no peques más". Al eximirla de su condenación, la estaba haciendo libre de la vergüenza y la culpa, y de ese modo le estaba dando la oportunidad de seguir adelante con su vida sin continuar en pecado.

Por lo tanto, permíteme plantearle un reto: Si ha perdido su pureza sexual, este es el momento de recuperarla. Aunque ya no sea físicamente virgen, puede comprometerse a vivir en pureza y fidelidad sexual de ahora en adelante. Esto no significa aparentar que no hay un daño residual del pecado sexual. Ni significa que no está experimentando una fuerte ansia física o vínculo como resultado de lo que ha hecho. Es muy probable que sí, y debido a ello necesita ser sabio sobre cómo intenta redirigir sus pasiones. El perdón significa que usted puede impedir que continúe habiendo daño y que de ahora en adelante puede disfrutar la bendición de la pureza sexual.

Si usted está casado, le animo a que renueve el compromiso con su cónyuge. Si todavía es virgen, prométale a Dios que seguirá siendo puro hasta que le traiga la persona indicada para casarse. Dios estará más interesado en responder las oraciones acerca de su futuro, si en el presente está viviendo para Él. Recuerde que las verdaderas decisiones no se toman; se ponen en práctica. Y respetar el carácter sagrado del sexo es una de las decisiones más importantes que alguna vez pueda poner en práctica, tanto para el presente como para la eternidad.

NOTAS

Capítulo 1: El sexo, según el diseño de Dios

1. 26 de febrero, 2008. Copyright © 2008 por la American Academy of Pediatrics.
2. *Nueva concordancia Strong exhaustiva*, #H3045 (Nashville, TN: Editorial Caribe, 2002).
3. Ibíd., #G4203.
4. Ibíd., #H7901.
5. Ibíd., #G2853.
6. Arthur Aron y otros, "Reward, Motivation, and Emotion Systems Associated with Early-Stage Intense Romantic Love", *Journal of Neurophysiology* 94 (2005): 327-337.

EDITORIAL PORTAVOZ

NUESTRA VISIÓN

Maximizar el efecto de recursos cristianos de calidad que transforman vidas.

NUESTRA MISIÓN

Desarrollar y distribuir productos de calidad —con integridad y excelencia—, desde una perspectiva bíblica y confiable, que animen a las personas a conocer y servir a Jesucristo.

NUESTROS VALORES

Nuestros valores se encuentran fundamentados en la Biblia, fuente de toda verdad para hoy y para siempre. Nosotros ponemos en práctica estas verdades bíblicas como fundamento para las decisiones, normas y productos de nuestra compañía.

Valoramos la excelencia y la calidad
Valoramos la integridad y la confianza
Valoramos el mérito y la dignidad de los individuos y las relaciones
Valoramos el servicio
Valoramos la administración de los recursos

Para más información acerca de nuestra editorial y los productos que publicamos visite nuestra página en la red: www.portavoz.com